ALCATRAZ

Textos de
RICHARD DUNBAR

Redacción de
KEN GLASER, JR. & KEVIN KENNY

Fotografías de
ANDREA PISTOLESI

BONECHI
SNC

Proyecto y concepción editorial: Casa Editrice Bonechi
Jefe de publicación: Monica Bonechi
Documentación fotográfica: Monica Bonechi
Proyecto gráfico: Manuela Ranfagni
Videocompaginación y Cubierta: Laura Settesoldi
Redacción: Simonetta Giorgi
Texto y pies de foto: Richard Dunbar
Traducción: Ana Ortiz por Traduco s.n.c., Florencia
Mapas: Stefano Benini

© Copyright Casa Editrice Bonechi - Florencia - Italia.

Impreso en Italia por el Centro Stampa Editorial Bonechi.

Las fotografías pertenecen al Archivo Bonechi y han sido tomadas por Andrea Pistolesi.

Préstamos:
Cortesía del Golden Gate National Recreation Area: Don Denevi Photographic Collection: *Pág. 8, Pág. 13 (arriba), Pág. 14 (arriba), pág. 15 (arriba y abajo),
pág. 16 (arriba y abajo), pág. 18, pág. 19 (arriba y abajo), pág. 20, pág. 26, pág. 29 (arriba y abajo), pág. 33 (arriba y abajo), pág. 35, pág. 37 (abajo),
pág. 38 (arriba y central), pág. 39 (abajo), pág. 41, pág. 42, pág. 43 (arriba y abajo), pág. 44 (arriba), pág. 45, pág. 46, pág. 49 (arriba y abajo),
pág. 50 (arriba y abajo), pág. 51 (arriba y abajo), pág. 52, pág. 53, pág. 54, pág. 55 (arriba y abajo), pág. 56 (arriba a la izquierda y arriba a la derecha),
pág. 57 (todas las fotos), pág. 58 (arriba y abajo), pág. 59, pág. 61.* Tom Mulhem Photographic Collection *pág. 12 (arriba).*
Charles Berta Potographic Collection: *pág. 44 (abajo).* Arnold W. Peters Potographic Collection: *pág. 47 (abajo).*
Cortesía de la Biblioteca Bancroft, Universidad de Berkeley, California: *pág. 10 (arriba, centro, abajo), pág. 11 (arriba), pág. 13 (abajo).*
Cortesía de Ken Glaser Jr: *pág. 17, pág. 21, pág. 31 (abajo), pág. 34 (abajo), pág. 40 (arriba), pág. 47 (arriba), pág. 62, pág. 63, pág. 67 (detalle),
pág. 68, pág. 69 (arriba y abajo), pág. 72 (arriba), pág. 80 (arriba), pág. 82, pág. 88, pág. 89, pág. 90 (arriba), pág. 91 (arriba),
pág. 92, pág. 93 (arriba y abajo), pág. 94 (abajo), pág. 95 (todas las fotos).*

Cortesía de la Colección Marilyn Blaisdell: *pág. 3, pág. 9 (abajo).*

Cortesía de Mary Beth Barber: *pág. 94 (arriba).*

Cortesía de Asteron Productions: *pág. 56 (abajo).*

Especial agradecimiento al personal del San Francisco Maritime National Historical Park.

ISBN 88-476-0507-5

* * *

INTRODUCCIÓN

Situada en la bahía de San Francisco, la isla de **Alcatraz** es uno de los lugares de interés más visitados de una de las zonas favoritas del turismo mundial. ¿Cual es la razón que mueve a casi un millón de visitantes al año a coger el ferry en el muelle Fisherman para llegar a esta árida isla rocosa famosa por sus vientos helados y su niebla?.

Probablemente se sienten atraídos por su turbia historia, el misterio y el suspense creados por las películas y libros que tienen como protagonista Alcatraz y la curiosidad morbosa por ver las húmedas y estrechas celdas donde algunos de los más famosos criminales de los Estados Unidos estuvieron encarcelados.

La isla revistió un importante papel durante los años de la formación de la ciudad de San Francisco y el estado de California. En Alcatraz se instaló el **primer faro** construido en la West Coast, y fue también un importante **fuerte militar** para salvaguardia de la bahía de San Francisco.

Alcatraz sigue siendo conocida sobre todo por los 29 años en los que fue la prisión de **ultra máxima seguridad** de América, pero no es menos interesante la historia de la isla. Los antiguos edificios y la historia de Alcatraz no son tan vistosos como los edificios que componen la cárcel, o tan dramáticos como las historias que se cuentan sobre los famosos prisioneros y los intentos de evasión, pero son igualmente importantes.

Las páginas siguientes les conducirán en un viaje histórico y visual a lo largo de los primeros años de historia de la isla hasta nuestros días. La dureza de los elementos ha deteriorado los edificios de la isla y en algunos momentos del año las flores y plantas silvestres cubren y animan el gris paisaje. Tanto si visitan Alcatraz por la mañana temprano como al caer la tarde, las vistas de San Francisco, el puente Golden Gate, las colinas de Marin County y la East Bay son siempre cambiantes y espectaculares.

La **isla de los Alcatraces**, este fue el nombre que le dieron los exploradores españoles en 1775 cuando llegaron a la bahía de San Francisco. El nombre alude a una especie de cormorán descubierta en España. En la isla no había agua y la única vegetación existente eran algunas hierbas resistentes que se las arreglaban para crecer en la piedra caliza. Cuando California

La Penitenciaría Federal de Alcatraz en los años 30, al fondo Angel Island.

Arriba, la isla de Alcatraz en la actualidad, al fondo recortada contra el horizonte se ve la ciudad de San Francisco. Las traicioneras corrientes de la bahía de San Francisco hacían que una fuga a nado fuera prácticamente imposible.

En la página de al lado, San Francisco vista a través de las ventanas enrejadas del edificio de la Lavandería.

Páginas 6 - 7, desde que en 1973 fue abierta al público formando parte del Golden Gate National Recreation Area, Alcatraz atrae a cerca de un millón de visitantes al año.

entra a formar parte de los Estados Unidos, Alcatraz empieza a cambiar. En 1853, el Ejército de los Estados Unidos decide construir una inexpugnable fortaleza defensiva en Alcatraz para proteger la ciudad de San Francisco y la bahía. Al mismo tiempo, comienzan las obras del primer faro de la Costa Oeste. Una gran parte de la isla fue volada con explosivos para poder construir el fuerte y los emplazamientos del armamento. Toneladas de tierra fueron transportadas desde Angel Island y gracias a ella crece la exuberante vegetación de algunas partes de la isla. Nunca llegó probarse el poder bélico de la isla, pero su seguridad como prisión fue rápidamente demostrada. Comenzó en 1861, sólo dos años después de la instalación de la fortaleza militar, Alcatraz comenzó a recibir **prisioneros de la guerra de Secesión** y durante algunas décadas la isla fue al mismo tiempo prisión militar y fuerte. En 1910 Alcatraz era ya sólo prisión militar mientras continuaban las obras de la cárcel y del faro.

El ejército de los Estados Unidos abandonó la isla en 1934, que permaneció vacía mucho tiempo. En el mes de agosto del mismo año, Alcatraz se convirtió en Penitenciaría Federal de ultra máxima seguridad. Una ola de criminalidad asoló el país durante los años de la Ley Seca y la Gran Depresión y el gobierno federal buscaba un lugar seguro en el que encerrar a importantes gansters y prisioneros recalcitrantes que cumplían condena en otras Penitenciarías Federales. Así, Alcatraz se convirtió en la casa de **Al Capone, George "Machine Gun" Kelly** y **Robert Stroud**, el **"Hombre pájaro de Alcatraz"**.
La **Penitenciaría Federal de Alcatraz** cerró sus puertas en 1963, los excesivos costes de mantenimiento y el deterioro de las infraestructuras motivaron esta decisión. Nadie supo que hacer con la isla hasta que después de la **Ocupación de los Nativos Americanos** en 1969-71, pasó a formar parte de la nueva **Golden Gate National Recreation Area** en 1972.

Arriba, una pintura de Alcatraz con sus primeros edificios hacia 1850.

Al lado, arriba:, la Isla de los Alcatraces en 1856, desde el muelle Meiggs a los pies de Powell Street.

Al lado, abajo, hacia principios de los años diez, el nuevo bloque de celdas y el faro habían sido construidos. El monte Tamalpais en Marin County se puede ver en esta vista del lado oeste.

UNA BREVE NOTA HISTORICA

Si hace 10.000 años se hubieran encontrado en el extremo septentrional de San Francisco, habrían podido llegar hasta Alcatraz atravesando el extenso valle que ahora ocupan las aguas de la bahía de San Francisco. Después de haber ascendido hasta lo alto de Alcatraz, una colina de este valle, habrían podido disfrutar de una vista de pájaro del gran río que la separaba de otra colina, la actual Angel Island. El río alimentado por las aguas de la Sierra Nevada atravesaba el Golden Gate para desembocar en el Océano Pacífico. Con el final de la era glacial las aguas aumentaron de nivel dando lugar al nacimiento de la bahía y de la isla de Alcatraz. Esta árida e inhóspita isla azotada por helados vientos y nieblas, no contaba con recursos naturales hídricos y la única vegetación que en ella crecía eran unas resistentes hierbas autóctonas. Alcatraz no reunía las condiciones para la vida humana, pero constituía un hábitat perfecto para las aves marinas.

Los indios nativos americanos fueron los primeros visitantes de la isla. Llegaron hasta ella en canoas de juncos para recoger huevos y pescar en su rocoso litoral.
Los exploradores españoles fueron los primeros europeos que vieron Alcatraz y en el verano de 1775 el San Carlos, capitaneado por **Juan Manuel de Ayala**, fue el primer navío europeo que navegó en las aguas de la bahía de San Francisco. **José Canizares** fue el encargado de registrar oficialmente y dar nombre a los nuevos territorios españoles, aquel islote que había descrito como árido fue llamado **La Isla de los Alcatraces**, por la cantidad de cormoranes (no pelícanos) que en ella anidaban. Pero ni los españoles ni posteriormente los mejicanos dieron uso alguno a la isla. Fue en 1853, cuando California entró a formar parte de los Estados Unidos, que Alcatraz comenzó su transformación.

En esta página y en la siguiente arriba, la posición estratégica de la isla en las proximidades de la bahía de San Francisco hizo que el ejército americano construyera su más famosa fortaleza defensiva de la Costa Oeste en Alcatraz.

FUERTE ALCATRAZ

La estratégica posición de la isla en las proximidades de la entrada de la bahía de San Francisco la convirtió en un punto defensivo a raíz del descubrimiento de oro en California en 1848. San Francisco en poco tiempo se convirtió en el segundo puerto más importante de la nación, y las obras de fortificación comenzaron en 1861 con el estallido de la **guerra de Secesión**. Los planos originales que preveían el emplazamiento de 68 cañones de anima lisa en la isla, fueron modificados alcanzando las 155 unidades, incluyendo tres *Rodmans* de 50.000 libras capaces de disparar balas de 400 libras a una distancia de tres millas. Quizás por su imponente potencia, el fuerte nunca llegó a abrir el fuego en defensa de la bahía y su armamento y construcciones eran ya obsoletas a finales del s. XIX. Alcatraz dejo de ser fuerte militar en 1907. Aun así todavía hoy se pueden ver algunos restos de las estructuras defensivas originales, como los bunkers de ladrillos de los cuarteles cerca del embarcadero, el cuerpo de guardia y la **poterna**. Las voladuras, excavaciones y la cantidad de material extraído para poder construir el fuerte alteraron irremediablemente la morfología de la isla.

El pasadizo del foso (abajo a la derecha) formaba parte del antiguo fuerte.

Arriba, en 1854 fue construido en Alcatraz el primer faro de la Costa Oeste. El actual faro es de 1909.

LA PRISION MILITAR

En 1861, solo dos años después de la instalación de la fortaleza militar, estalló la Guerra de Secesión y Alcatraz comenzó a recibir a los primeros prisioneros. Fue así como empezó a crecer la fama de la isla como prisión. Entre los primeros prisioneros había soldados y oficiales que o bien habían apoyado la causa de los Estados Confederados o habían rechazado jurar fidelidad al gobierno federal.

En 1862, el **Presidente Abraham Lincoln** suspendió el derecho a un proceso regular. Esto dio paso a una afluencia de detenidos civiles, muchos de ellos importantes californianos, que publica o privadamente habían criticado el gobierno o apoyado al Sur. La mayor afluencia de prisioneros de la Guerra de Secesión coincidió con el asesinato de Lincoln. En abril de 1865, los prisioneros fueron enviados a la isla y pasaron dos meses haciendo trabajos forzados. Finalizada la guerra, Alcatraz continuo siendo una prisión militar, algunas dependencias fueron renovadas y construidas otras nuevas, para poder alojar detenidos acusados de deserción y otros delitos. La pequeña población de reclusos de la isla aumentó rapidamente durante la **Guerra Hispano - Americana** de 1898 y hacia 1900 había 450 prisioneros.

En 1906, Alcatraz alojó a sus primeros ocupantes civiles en muchas décadas, cuando el fuego devastó la ciudad de San Francisco después del terremoto de abril de 1906. Su corta estancia fue un anuncio del futuro de la isla, como lo fue la designación oficial en 1907 de Alcatraz como **U.S.Disciplinary Barracks, Pacific Branch** (Cuartel Disciplinario de los EE.UU, Rama del Pacifico). Nunca más volvería a ser un fuerte militar, la roca asolada por el viento situada en el centro de la bahía de San Francisco de ahora en adelante albergará sólo convictos militares, guardias militares y sus familias. La actual cárcel fue levantada entre 1909 y 1912 dada la necesidad de construir dependencias con mayores condiciones de seguridad.

Finalmente, la isla prisión, que mas tarde seria conocida como la **"Isla del diablo del Tío Sam"**, desencadenó una controversia. El ejército de los Estados Unidos pensó que un ejemplo tan visible de la severa disciplina militar en el medio de un puerto tan concurrido ponía en entredicho su reputación. Muchos ciudadanos se sentían también molestos por la presencia de prisioneros en Alcatraz. Las critica lamentaban las duras condiciones bajo las que estaban obligados a vivir los prisioneros. Estas denuncias junto con los costes de la prisión, llevaron al ejército a la decisión de cerrar la prisión en 1934. Poco menos de un mes después de que el personal militar desalojara la isla de Alcatraz, comenzó una nueva y seguramente la más famosa fase de la historia de la isla, nace la Penitenciaría Federal.

Arriba, las obras de la cárcel comenzaron en 1909, una vez que Alcatraz fue designada únicamente prisión militar.

Abajo, la tierra transportada desde Angel Island hizo posible la creación de jardines en la isla. Además, la jardinería fue uno de los pasatiempos favoritos de las familias que allí vivieron.

Arriba, en 1934, Alcatraz se convirtió en una Penitenciaría Federal de máxima seguridad mínimo privilegio.

Al lado arriba, Alcatraz vista desde el muelle Fisherman.

Al lado, abajo, una serie de detectores de metales, llamados "cajas chivatas" o "soplones" fueron instalados en varios puntos de la prisión.

PENITENCIARIA FEDERAL

Cuando el ejército de los Estados Unidos anunció su intención de cerrar la prisión de Alcatraz, el Departamento de Justicia propuso unos planes para el futuro de la isla. La ola de criminalidad que asoló el país durante los años de la **Ley Seca** y de la **Gran Depresión** impulsó a los oficiales de justicia a buscar una prisión segura que pudiera albergar a algunos de los más famosos criminales del país así como a los presos más difíciles e incorregibles del sistema penitenciario federal. Alcatraz, con sus todavía relativamente modernas instalaciones, su posición aislada y su reputación reunía todos los requisitos. Y así, cuando en 1934 llegaron los primeros prisioneros provenientes de otras cárceles federales, empiezan los 29 años de la historia de Alcatraz como **institución penal de máxima seguridad del gobierno federal**, herencia por la que aún sigue siendo conocida. En el mes de agosto de ese mismo año, 11 prisioneros se unieron a los 32 que habían dejado los militares. Poco menos de dos semanas después, el vagón de un tren procedente de Atlanta con 53 prisioneros fue embarcado en una barcaza en Tiburón y transportado hasta Alcatraz. Entre estos hombres se encontraba uno de los inquilinos más

conocidos de la penitenciaría, **Al Capone**.
No se alteró la estructura principal de la prisión, pero se hicieron muchas e importantes modificaciones para hacerla más segura ante las posibles evasiones. Las débiles rejas de acero de las celdas fueron reemplazadas con otras más resistentes. Se instaló un nuevo sistema de cierre que permitía la apertura individual de cada celda. se construyeron galerías de tiro dominando los bloques y el comedor, se instalaron dispositivos para la emisión de gases lacrimógenos así como detectores de metales y se erigieron también cinco torres de guardia. De los 14 intentos de evasión, la mayor parte fracasaron ya desde el principio, y los hombres de los que nunca se volvió a saber nada fueron considerados presuntas víctimas de las traicioneras corrientes.
A principios de los años sesenta los días de la prisión de Alcatraz estaban contados. La isla - prisión estaba muy deteriorada y era cara de mantener mientras sufría las consecuencias de su pobre imagen pública. En marzo de 1963 la penitenciaría cerró sus puertas para siempre. Por primera vez en 102 años, la niebla invadió la isla que no volvió nunca más a funcionar como prisión. En lugar de seres humanos, la naturaleza volvió una vez más a reclamar su territorio.